Denk
Praktisch!

ISBN: 9781070975115

Denk Praktisch!

Verander Je Gedachten, Verander Je Leven

DARIUS FOROUX

INHOUD

OVER DE AUTEUR

Dit boek heb ik zelf gepubliceerd dus het is onzinnig om dit gedeelte in de derde persoon te schrijven. Ik geef toe dat ik in eerste instantie een ego vergrotende bio had geschreven, zodat het een professionelere indruk zou maken. Maar nadat ik erover nadacht, besloot ik het toch anders te doen. Ik besloot om mijzelf te introduceren zoals tijdens een informeel event.

Hoe dan ook, ik ben een ondernemer, blogger en podcaster. De afgelopen drieënhalf jaar heb ik mijn visie op het leven, business en productiviteit gedeeld op mijn blog. Tot op heden hebben meer dan 8 miljoen mensen mijn artikelen gelezen. Daarnaast richtte ik samen met mijn vader Vartex op, een wasserijtechnologiebedrijf, tijdens de afronding van mijn masterthesis in Marketing in 2010. Voor mijn podcast, The Darius Foroux Show, interviewde ik *thought leaders* als Ryan Holiday, Cal Newport, Laura Vanderkam, Robert Sutton, en meer.

"If you can change your mind, you can change your life."

— *William James*

VOORWOORD NEDERLANDSE EDITIE

Ik ben in 2015 mijn blog in het Engels begonnen. Ik werkte toentertijd in London en Engels was voor mij de primaire taal geworden. Ik dacht, en denk nog steeds, in het Engels. Maar dat komt niet alleen door mijn tijd in Engeland. Ik lees sinds mijn zestiende al Engelse boeken. Ik was altijd aangetrokken tot Engelstalige auteurs zoals Ernest Hemmingway, F. Scott Fitzgerald, Charles Bukowski, Bret Easton Ellis, etc.

Daarnaast heb ik bedrijfskunde gestudeerd. Die hele studie was in het Engels. Dus toen ik begon met schrijven was Engels de logische keuze. En ik ben blij dat ik daarvoor heb gekozen. Bijna 4 jaar later, heb ik 5 boeken gepubliceerd, bijna 300 artikelen geschreven, en meer dan 12 miljoen lezers bereikt. Daarnaast is dit boek, dat ik in 2017 als *Think Straight* heb gepubliceerd, meer dan 20.000 keer verkocht en staat het boek regelmatig op #1 in de lijsten van Amazon Amerika, Australië, India, en andere landen.

Dit klinkt allemaal als stoerdoenerij. Maar mijn punt is dat iedereen, met wat geduld, kan bereiken wat hij/zij wil. Er zijn uiteraard fysieke en natuurkundige beperkingen (ik zal waarschijnlijk nooit bij een Eredivisieclub spelen). Maar als het aankomt op je carrière en privéleven kan je veel bereiken. Het probleem is alleen dat mensen klein denken. Althans, dat was altijd mijn probleem. Ik was me hier echter niet bewust van. Maar door praktischer te gaan denken, heb ik mijn leven uiteindelijk toch verbeterd. En niet zo'n beetje ook. Geloof me, het *kan*.

Elk persoon in Nederland kan zijn leven verbeteren door simpelweg zijn gedachten te veranderen. Geloof je het niet? Geef me een uurtje. Dan laat ik je het zien in dit boek.

Klaar? Let's go.

JE WORDT WAT JE DENKT

In 1869 raakte een 27-jarige Doctor of Medicine, vers uit Harvard, verdwaald in zijn zoektocht naar betekenis. Dit was niet zijn eerste gevecht met tegenspoed. Tijdens zijn zesjarige geneeskunde studie werd hij getroffen door verschillende ziektes en periodes van depressie. Maar nu ging de arme man door een nog zwaardere periode; hij overwoog zelfs zich van zijn eigen leven te ontnemen.

De jonge man was William James, die uitgroeide tot voornaamste Amerikaanse psycholoog en tevens grondlegger van de filosofische stroming, pragmatisme. James deed er drie jaar over om zijn depressie te verslaan. De overwinning kwam zonder enige hulp van buiten; James overkwam zijn depressie volkomen zelfstandig. Let wel: James voelde zich niet alleen een beetje futloos of moe. James McDermott, redacteur van *The Writings of William James,* schrijft dat James een lange tijd twijfelde om zelfmoord te plegen. Gedurende deze periode had James waanvoorstellingen en paniekaanvallen. Aangezien zijn vader hetzelfde had doorgemaakt, was dit niets nieuws voor James. Sterker nog, hierdoor kwam hij te geloven dat zijn aandoening biologisch was en daardoor niet te verhelpen. In 1870 veranderde de overtuiging van James echter.

Na het lezen van een essay van Charles Renouvier, een Franse filosoof kwam James tot een psychologische doorbraak. In zijn dagboek schreef hij: "I think that yesterday was a crisis in my life. I finished the first part of Renouvier's second Essais and see no reason why his definition of free will — 'the sustaining of a thought because I choose to when I might have other thoughts' — need be the definition of an illusion. At any rate, I will assume for the present — until next year — that it is no illusion. My first act of free will shall be to believe in free will."

James realiseerde zich dat hij een bepaalde gedachte de voorrang kan geven in zijn hoofd. Met andere woorden, als mens hebben wij de mogelijkheid om onze gedachten te rangschikken en hebben we dus controle over onze gedachten. Dit inzicht vormt de kern van het pragmatisme, de stroming waarvan James en Charles Sanders Peirce de grondleggers zijn.

Beheersing van onze gedachten betekent volgens James echter niet dat we ook ons bewustzijn controleren. Wanneer we een moment nemen om onze gedachten te observeren, merken we dat er veel door ons hoofd spookt. De gedachten zijn er simpelweg; en daar kunnen we niets aan veranderen. Maar onze vrije wil stelt ons in staat om onze focus te richten op gedachten die wij kiezen. Zo beïnvloeden we de koers van ons bewustzijn. Deze bewustwording is belangrijk voor de manier waarop we leven: het is het verschil tussen "zo voel ik me nu eenmaal, ik kan er niets aan doen" en "ik voel me zo, omdat ik ervoor heb gekozen."

De nadruk ligt op *kiezen*, wat de kern vormt van dit boek: Met oefening word je beter in het controleren van je gedachten, waardoor je kan kiezen wat je denkt.

Met betere controle over onze gedachten kunnen we de kwaliteit van ons leven en onze carrière verbeteren. Dat is mijn stelling in dit boek.

Aangezien het resultaat van je leven afhangt van je gedachten, is de mogelijkheid om je gedachten te kiezen een van de belangrijkste dingen in het leven. Wanneer we onze denkwijze verbeteren, kunnen we alles bereiken (wat binnen het menselijk bereik ligt). Deze simpele realisering verandert *alles*. Vele prominente denkers hebben geschreven over het belang van *hoe* we denken. Maar de peetvader van William James, Ralph Waldo Emerson, die James enorm inspireerde, zei het op de simpelste wijze: "You become what you think about all day long."

Ik ben het met Emerson eens, maar we moeten ook realiseren dat onze acties voortvloeien uit onze gedachten. Dat betekent dat je acties niet kan veranderen zonder eerst je gedachten te veranderen. Laten we beginnen.

WAAROM HEBBEN WE EEN BOEK NODIG OVER PRAKTISCH DENKEN?

Het brein is ons belangrijkste gereedschap; belangrijker dan elke technologie, apparaat of instrument. Robert Green, auteur van *Mastery*, benadrukt de essentie op een mooie wijze: "If there is any instrument you must fall in love with and fetishize, it is the human brain—the most miraculous, awe-inspiring, information-processing tool devised in the known universe, with a complexity we can't even begin to fathom, and with dimensional powers that far outstrip any piece of technology in sophistication and usefulness."

Er is echter één probleem: we zijn weliswaar geboren met dit fantastische instrument, maar we weten niet hoe we het moeten inzetten op de juiste wijze. We zien zelf niet dat we enorm onpraktische wezens zijn en beschouwen onszelf als goede denkers. Onderzoek bevestigt onze onwetendheid; we menen praktische beslissing te nemen die gebaseerd zijn op logica. Maar niets is minder waar, stelt Dan Ariely, auteur van *Predictable Irrationality*: "We usually think of ourselves as sitting in the driver's seat, with ultimate control over the decisions we made and the direction our life takes; but, alas, this perception has more to do with our desires—with how we *want* to view ourselves-than with reality." (nadruk is van mij)

Je kunt dus gerust zeggen dat we geen praktische denkers zijn! Dit wordt bevestigd door een lijst met cognitieve fouten, verzameld door wetenschappers gedurende de afgelopen eeuw. We baseren onze beslissingen vaak op onderbuikgevoel en emoties. Bovendien beschikken we in de meeste situaties niet over de juiste informatie.

Ik heb een scala aan boeken gelezen over het verbeteren van onze besluitvorming en manier van denken. Ze waren prima. Maar ik had één probleem met alle boeken in dit veld: ze waren niet praktisch. Deze boeken beschrijven prima de *reden waarom* we een bepaalde denkwijze hebben aan de hand van verhalen. In mijn zoektocht naar een praktisch boek dat uitlegt hoe we onze denkwijze aanpassen, boekte ik geen enkel resultaat. Het was er simpelweg niet.

Daarom heb ik dit kleine boekje geschreven. Het bevat alles wat ik heb geleerd over denken; ik deel al mijn beste ideeën hier. Mijn doel is om je tenminste één idee mee te geven om je gedachten te verbeteren, zodat je een boost geeft aan je leven, business of carrière. I schreef *Denk Praktisch!* op een manier zodat je het meer dan één keer kan lezen. En ik hoop dat dit boek als een anker voor je kan zijn, waarnaar je in de moeilijkere periodes grijpt.

Om het boek praktisch te houden, bouw ik mijn advies op uit een combinatie van theorie, onderzoek, verhalen en persoonlijke ervaringen. Ik wil je er nu wel alvast op wijzen dat dit soort boeken alleen nuttig is als je open staat voor nieuwe ideeën. Als je het gevoel hebt dat je daar nu niet aan toe bent, kan ik je een uur van je leven besparen. Raak het boek nu kwijt: verbrand, retourneer, of geef het gewoon weg. Wat je ook doet, maak een duidelijke beslissing voor jezelf: *gebruik* het of laat het liggen.

GEBRUIK WAT WERKT

Ik ben geen neurowetenschapper, filosoof of enig expert op het gebied van "denken". Ik ben een wel een persoon die lang heeft geleefd onder de indruk dat hij geen controle had over zijn gedachten. Die denkwijze heeft me niet veel opgeleverd; de ene dag was ik gelukkig, de volgende treurig. Ik werd snel boos en kon geen eenvoudige oplossingen vinden voor uitdagingen in mijn carrière, onderneming en relaties. Maar door ervaring, het bijhouden van een logboek, lezen en veel zelfreflectie, werd ik langzamerhand een betere denker.

Hoe weet ik dat ik vandaag beter denk dan voorheen? Ik ben niet langer een slaaf van mijn gedachten en ik ben daardoor gelukkiger. *Ik gebruik* mijn verstand in plaats van de omgekeerde situatie. Dat is de definitie van beter denken, naar mijn idee. Het heeft niets te maken met intelligentie of hoeveel wiskundige formules je kan oplossen. Je verstand gebruiken om je doel te bereiken, dat is waar het om gaat.

Hoewel ik niet de indruk wil wekken dat ik alle antwoorden heb om je beter te laten denken, wil het volgende benadrukken: Ik kan je wel exact vertellen *hoe* ik mijn gedachten heb gebruikt om een gelukkiger, gezonder, welgestelder en betekenisvoller leven te realiseren.

Ik ben het levende bewijs van het "verander je gedachten, verander je leven" idee. Slechts drie jaar geleden was ik enorm gestrest, gaf mijn ondernemingsambities op en haatte mijn leven. Ik voelde me gevangen. Maar ik wil niet te dramatisch zijn over mijn situatie. We hebben dit allemaal weleens meegemaakt en zo niet, dan is het slechts een kwestie van tijd; het is onderdeel van het moderne leven. Ik wil je niet bang maken, maar je weet wel hoe al die self-help boeken gaan: "Ik zat zo diep in de put. Ik verloor al mijn geld, ik was depressief. Mijn leven was klote. Maar toen ontdekte ik X, wat mijn leven veranderde."

X is uiteraard het idee dat de auteur je wil verkopen. En aangezien ik eerlijk ben tegen je; ik ben niet anders. In dit boek wil ik je bijvoorbeeld het concept van *nuttige* en *onnuttige* gedachten verkopen. Er is echter een verschil: ik geef je mijn perspectief, niets meer en niets minder. Het is vervolgens aan jou om er wat mee te doen (of niet).

John Dewey, een pragmatist en een van de grondleggers van functionele psychologie, zei het al: "The true is that which works." Maar dat betekent niet dat we niet alles wat we horen of lezen moeten geloven. Dat maakt ons naïef.

Als we altijd *helder* willen *denken*, moeten we nuchter blijven, naar de feiten kijken, de visie van anderen in overweging nemen en alleen dan praktische conclusies trekken.

HELDER DENKEN VEREIST TRAINING

Ik beschouw het brein als een spier die regelmatig training nodig heeft om sterk te blijven. Een manier om je hersenen te trainen is door nieuwe dingen te leren. Maar ik was altijd onder de veronderstelling dat het leerproces eindigt zodra je afstudeert. Voor sommigen is dat na de middelbare school, voor anderen is dat na de bachelor of master. Tijdens onze tijd in school leren we nieuwe vaardigheden, ideeën en theorieën die onze denkwijze en de manier waarop we handelen in de maatschappij veranderen. Maar zodra we een denkwijze hebben aangeleerd, brengen we nauwelijks veranderingen aan. We blijven het liefst bij dezelfde gedachten omdat ze ons een vertrouwd gevoel geven.

Ooit is ons aangeleerd dat nieuwe dingen per definitie eng zijn, dus doen we er alles aan om ze te voorkomen. We zijn gewoontedieren die liever hun hersenen *ontspannen* dan *inspannen*. "Ik moet echt even relaxen en iets op Netflix kijken," is iets wat je tegenwoordig vaak hoort, ongeacht leeftijd. Ik geef toe dat ik hier zelf ook schuldig aan ben geweest.

Nu kan ik echter niet anders dan mezelf afvragen: *waarvan* hebben we een pauze nodig? Van de herhalende handelingen op het werk? Of van onze vertrouwde gedachtepatronen? Als je er even over nadenkt, spannen we onze hersenen zelden in tenzij er een specifieke reden is, zoals een toets of tentamen. Anders denken we vaak: "Wat is het nut?"

Nou, het punt is juist om je brein te trainen zoals je het lichaam traint om fit te blijven. Je stopt toch ook niet met sporten nadat je vier jaar naar de sportschool bent geweest? Dus waarom zou je je brein niet trainen op dezelfde manier als je lichaam?

Nogmaals, het brein ons belangrijkste gereedschap. En als je het gereedschap op de juiste manier wil gebruiken, zal je het brein moeten trainen. De stoïcijnse filosoof Epictetus zei het al: "The life of wisdom is a life of reason. It is important to learn how to think clearly. Clear thinking is not a haphazard enterprise. It requires proper training." Het probleem is dat we niet weten *hoe* we ons brein moeten trainen. Voor een groot deel van mijn leven waren mijn gedachten buiten mijn controle; ik was me nooit bewust van de notie "denken". Als je mij had gevraagd om mijn gedachten te schetsen, zou het hierop lijken:

De puinhoop die je hierboven ziet, geeft een beeld van hoe het eraan toe ging in mijn hoofd. Het was pure chaos: een mengelmoes van positieve, negatieve, treurige, gelukkige, en bovenal, verwarrende gedachten. Ik dacht altijd bij mezelf, "Waarom kan ik mijn hoofd niet stoppen? Waar is de pauzeknop?" Als ik terugkijk echter, wist ik gewoon niet hoe ik het fantastische gereedschap moest gebruiken.

VAN CHAOS NAAR HELDERHEID

In 2014 verhuisde ik van Leeuwarden, de stad waar ik was opgegroeid, naar Londen. Ik ging van een stad met slechts honderdduizend inwoners naar een metropool met zeven miljoen inwoners. Hier waren de dingen moeilijker dan ik me had voorgesteld. In het bijzonder was het vinden van een woning een gigantische uitdaging. Na het nodige onderzoek en gesprekken met mijn nieuwe collega's, kwam ik er al snel achter dat het nagenoeg onmogelijk is om een appartement te vinden in een korte periode zonder afgezet te worden. Dus besloot ik maar om een kamer te huren voor een periode van drie maanden, wat veel makkelijker was dan het vinden van een eigen woning. Daarnaast nam ik me voor om verschillende buurten te verkennen die binnen een uur reizen (met openbaar vervoer) lagen van mijn werk. Dat was mijn plan. En alles ging goed, in het begin.

Na twee maanden vond ik eindelijk een klein, betaalbaar appartement met één slaapkamer in Earlsfield, in Zuid-West Londen. Ik had alles geregeld en gepland: de huur van mijn kamer opgezegd en het contract van mijn nieuwe appartement ondertekend. Zelfs mijn ouders en broer reden van Nederland naar Londen om te helpen. En aangezien ik weinig spullen had, konden we hun auto gebruiken voor de verhuizing (slechts 10 minuten met de auto van de oude kamer naar het nieuwe appartement).

In mijn hoofd had ik het volgende beeld gevormd: ik zou gewoon mijn spullen inpakken, de nieuwe sleutel ontvangen, oude sleutel inleveren bij de huisbaas, intrekken in mijn nieuwe stek, Netflix kijken en relaxen. En dit allemaal op dezelfde dag.

Nou, ik kan je vertellen dat het allemaal net anders liep dan gepland. Mijn nieuwe huisbaas bedacht zich last minute: ze besloot toch niet af te willen van haar woning. En dat vertelde me ze een dag voor de geplande verhuizing. Plotseling had ik geen woonplaats en zat ik met een SUV vol spullen. Die avond, in de hotelkamer van mijn ouders, raakte ik in paniek.

"Wat moet ik nu?! Ik heb geen plek, al m'n spul zit in een auto, ik liet jullie helemaal vanuit Nederland hiernaartoe komen en nu zit ik hier als een idioot."

De rest van de dag en avond ging ik door met de zelfbeschuldigingen. Je denkt nu waarschijnlijk: "Echt?" Ja, als ik terugkijk naar alles, kan ik niet anders dan toegeven dat ik misschien *een beetje te* dramatisch heb gereageerd. Ok, laten we er geen doekjes om winden: ik deed te dramatisch en niet een beetje ook. Dat is precies waarom ik dit voorbeeld geef; het verhaal toont hoe stom ik was in mijn denken. Ik zat zo lang in mijn hoofd dat ik geen zicht meer had op de daadwerkelijke situatie. Ik dacht niet helder. En waar ging het allemaal over? Eerste wereldproblemen. Kom op man.

De volgende dag werd ik wakker en besloot ik om, aangemoedigd door mijn ouders en broer, mijn zelfmedelijden te verruilen voor een zoektocht naar oplossingen. Ik dacht bij mezelf, "Denk praktisch!"

Ik realiseerde me dat het tijd was om de puinhoop in mijn hoofd op te ruimen. Ik had helderheid nodig. Dit stelde ik me voor:

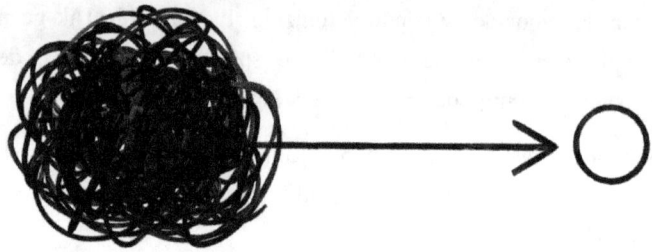

Aan de linker kant: Een mengelmoes van nutteloze gedachten: bezorgdheid, stress, leed, verwarring, niet weten wat te doen.

Aan de rechter kant: ÉÉN zuivere gedachte met een (enkel) nuttig doel. Ik wilde mijn verstand gebruiken als gereedschap. In het geval van mijn Londen verhaal moest ik snel op zoek naar een oplossing.

Dat bleek eenvoudig nadat ik praktisch begon te denken. Ik boekte een Airbnb totdat ik een nieuwe woning had gevonden. Na een week in de Airbnb, bedacht de huisbaas zich *nogmaals* en besloot me haar appartement toch te verhuren.

Mijn stress, bezorgdheid, en gepeins waren dus nutteloos. We oordelen en trekken snel conclusies gebaseerd op slechts aannames. We maken fouten. We bedenken ons. En we maken steeds foute aannames. Dat is normaal, we zijn nu eenmaal mensen. Wat echter niet normaal is, is de controle verliezen over je geest.

Na vele andere zinloze "denkcrisissen" besloot ik eindelijk te veranderen. Ik had niet één groot epifanie of super dramatisch moment dat verandering afdwong. Het leven is niet een Netflix drama. De mensen die ik ken veranderen alleen na een *opeenhoping* van problemen. Vervolgens staan we op een willekeurige morgen op en zeggen we, "Het is genoeg geweest." En weet je wat? Veel mensen veranderen nooit. Maar dat is niet ons probleem. Na jaren van chaos in mijn hoofd, had ik genoeg van het mentale leed. Mooier kan ik het niet maken. Je hebt geen dramatisch moment nodig. Die momenten doen zich haast nooit voor.

Ongeveer twee jaar geleden begon ik mijn gedachten te veranderen. Ik heb geleerd om de chaos in mijn hoofd te vervangen met rust. Nu is er vrede. In de rest van dit boek deel ik exact hoe ik dit heb bereikt. Maar eerst wil ik kort stilstaan bij de geschiedenis van denken.

EEN KORTE GESCHIEDENIS VAN DENKEN

Gedachtes zijn belangrijk. Maar niet alle gedachtes zijn gelijk. Er is namelijk een onderscheid in de kwaliteit. De Romeinse keizer en stoïcijnse filosoof Marcus Aurelius zei het al: "The universe is change; our life is what our thoughts make it."

Als je een blik werpt op je omgeving zie je dat het leven sneller verandert dan ooit tevoren. Banen verdwijnen, smartphones veranderen je in een zombie, studieschulden stijgen, kosten van het leven rijzen de pan uit, salarissen stijgen niet genoeg, je hebt minder tijd voor jezelf, enzovoort. Het leven verandert zo snel dat het lijkt alsof je elke dag in een nieuwe wereld wakker wordt!

Wat voor invloed heeft dit op je geest en gedachten? Als je maar een beetje op mij lijkt, wekken deze ontwikkelingen veel gevoelens op, zoals bezorgdheid en onzekerheid. Hoe overleef ik de dag? Hoe pas ik mijn onderneming aan voor de veranderende markt? Hoe bereik ik de volgende stap in mijn carrière? Hoe houd ik mijn hoofd in bedwang? Ja, meesterschap over je gedachten is een uitdaging.

Het verlangen naar controle over onze gedachten is even oud als de moderne beschaving. Al sinds de vijfde eeuw voor Christus zijn filosofen, ongeacht regio of exact tijdperk, het eens over één ding: het menselijk brein is een instrument dat problemen oplost. En een grote groep filosofen gaat verder en stelt dat de kwaliteit van onze gedachten de kwaliteit van ons leven bepaalt. Van Confucius tot Socrates en van Descartes tot William James, ze beschrijven allemaal hun denkwijze: een manier waarop ze de wereld zien.

De meesten van ons kennen de Socratische methode om alles in twijfel te trekken, zelfs jezelf. "Ik weet alleen dat ik niets weet," vertelde Socrates aan het Orakel van Delphi, waarna hij de meest wijze persoon op aarde werd verklaard. Het feit dat hij zijn kennis betwijfelt, maakt Socrates een wijs man. Dat is een denkwijze.

De Franse filosoof René Descartes ging in de 17e eeuw nog een stap verder. Hij betwijfelde namelijk alles in het leven, zelfs *zijn bestaan*. Want hoe weet je anders dat je niet droomt? Of misschien leef je wel in de Matrix. Daarom zei hij: "Cogito ergo sum." Of, zoals de populaire vertaling luidt: "Ik denk, dus ik ben." Descartes stelde zijn bestaan vast aan de hand van zijn vermogen om te denken. We *denken* allemaal, dus we *bestaan* ook allemaal. Waarom zou je het leven niet praktischer, luchthartiger, leuker en nuttiger maken?

Heb je ooit eens je gedachten geobserveerd of op papier gezet? Ik daag je uit, probeer het een dagje. Neem ongeveer elke twee uur een moment om te noteren wat in je hoofd spookt. Schrik alleen niet van jezelf. Het overgrote deel van onze gedachten slaat nergens op. Tweestrijd is inherent aan ons bestaan als mens. Ook Descartes analyseerde zijn gedachten en vond vele tegenstellingen. Het belangrijkste wat hij ons meegeeft is dat we *de kern* van onze overtuiging moeten betwisten, niet de *overtuiging zelf.* Onze meeste overtuigingen zijn namelijk gebaseerd op de perceptie van anderen.

Hoeveel van je ideeën worden beïnvloed door wat anderen je hebben verteld? Of hoeveel zijn gebaseerd op een eerste indruk of veronderstelling? Aan de kern van het denkvermogen ligt onze behendigheid om waarheid van leugens te onderscheiden: wat is waar en wat is bedrog?

Een manier om deze vraag te benaderen is het nemen van een pragmatisch perspectief. William James beschrijft het idee van pragmatisme als: "The attitude of looking away from first things, principles, 'categories,' supposed necessities; and of looking towards last things, fruits, consequences, facts." Met andere woorden: **Gedachten moeten een nuttig doel dienen.** Zo niet, dan zijn ze nutteloos. Dat is pas een staaltje praktisch denken.

Pragmatisme is een denkwijze, niet een oplossing. Je gedachten dienen als instrument. Maar weet dat je te maken hebt met een tegenstrijdig instrument dat zeer moeilijk te gebruiken is. Niemand stelt het beter dan Henry Ford: "Thinking is the hardest work there is, which is probably the reason why so few engage in it." Denken mag dan wel moeilijk zijn; het is ook een van de belangrijkste dingen die we in het leven doen.

Herinner: De kwaliteit van onze gedachten bepaalt de kwaliteit van ons leven. En onze beslissingen zijn het resultaat van onze gedachten.

HET LEVEN IS NIET LINEAIR

Ik dacht altijd op lineaire wijze: A leidt tot B. En als B, C is, dan leidt A ook naar C. Ik lette te veel op indrukken en ik maakte veel aannames. Maar deze denkwijze was doelloos. In plaats van zelf te denken, liet ik anderen voor mij het denkwerk doen. Ik deed wat van me verwacht werd. Hier was ik niet uniek in, sterker nog, de meeste mensen laten anderen voor hen denken. Zo dacht ik dat zorgen over baanzekerheid verleden tijd waren, als ik maar een diploma behaalde. Ik kwam er op de moeilijke manier achter dat niets gegarandeerd is in het leven. En dat het verdienen van geld niets met diploma's te maken heeft.

Nee, carrièresucces is afhankelijk van onze vaardigheden. Hoe beter je iets kan, hoe meer waarde je levert aan je omgeving en hoe meer mensen bereid zijn om geld in te ruilen voor jouw waarde.

Het behalen van een doel gebeurt bovendien nooit lineair. Velen van ons geloven dat er een rechte lijn bestaat tussen waar je bent en waar je naartoe wil. Laten we stellen dat het je doel is om een onderneming te starten, zodat je meer vrijheid hebt. Dat was altijd mijn persoonlijke doel en ik zou er gewoon aan werken totdat ik het had bereikt.

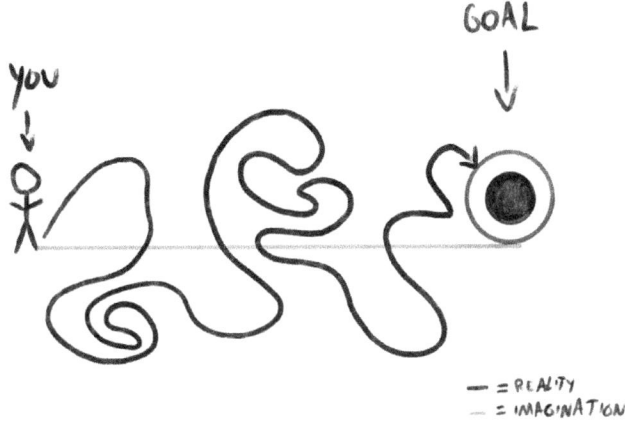

Maar het liep allemaal anders. Ik nam vele omwegen: ik werkte voor andere mensen en startte een eigen bedrijf dat faalde. Begrijpen dat het leven niet lineair is, helpt je om je denkwijze aan te passen. Zo raakte ik in eerste instantie snel ontmoedigd en gaf ik bijna mijn doel op. Nu realiseer ik me echter dat dingen vaak niet gaan zoals gepland. Dit inzicht inspireert me om een back-up plan te maken of alternatieven te overwegen zodat ik dichterbij mijn doelen kom.

Een ander persoonlijk doel was om te investeren in vastgoed. Toen ik in Londen woonde, was dat moeilijk aangezien ik niet genoeg startkapitaal had. Dus besloot ik het volgende. In plaats van excessieve druk op mezelf te leggen om veel geld te verdienen en de kwaliteit van mijn leven op te offeren, besloot ik ergens anders te kijken.

Na mijn onderzoek naar groeiende vastgoedmarkten kwam ik uiteindelijk terecht in de stad waar ik opgroeide. De prijzen waren laag, ik kende veel mensen, er was bevolkingsgroei en de gemeente investeerde veel in startups en onderwijs. Uiteindelijk kocht ik binnen twee maanden een prachtig appartement op een goede locatie.

Mijn punt is dat er veel manieren zijn om je doelen te bereiken. En als iedereen hetzelfde doet, betekent dit vaak dat jij *iets anders* zou moeten doen.

ZOEK DE VERBINDING

Je brein werkt constant, zelfs wanneer je niet actief aan het denken bent. Los van het managen van de vitale functies van het lichaam, scant het brein continu nieuwe informatie die je vervolgens opneemt. Het brein vergelijkt binnenkomende data met alles wat het al opgeslagen heeft. Vervolgens zoekt het naar gelijkenissen en verschillen. Dat stelt ons in staat om te denken en om nieuwe ideeën te verzinnen. Het brein bestaat uit vele kleine neuronennetwerken die zich aan elkaar verbinden. Dat ziet er zo uit:

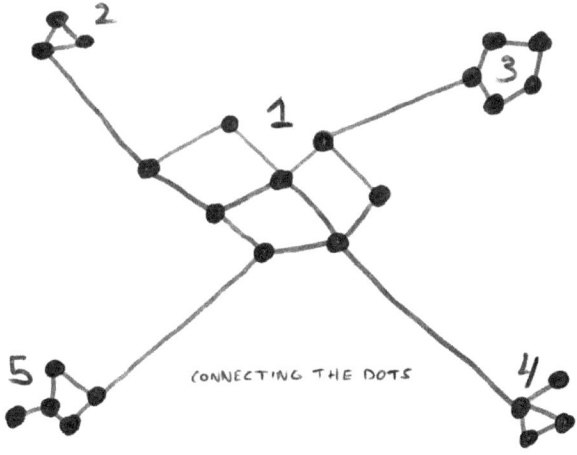

Slechts een simpel begrip van de werkwijze van mijn brein stelde me in staat om het te verzorgen. Zo voed ik mijn hersenen met informatie waar ik nieuwsgierig naar ben. En over de directe toepassing van de vergaarde kennis maak ik me geen zorgen. Deze diverse informatie wordt weliswaar verzameld op verschillende plekken, maar zolang ik de verbinding later leg, vind ik het prima, zoals Steve Jobs zei: "You can't connect the dots looking forward; you can only connect them looking backward. So you have to trust that the dots will somehow connect in your future."

Als je in de toekomst de verbinding tussen de punten wil leggen, zal je deze eerst moeten ontwikkelen in je hersenen. De enige manier is door te leren, doen, reflecteren en fouten te maken of wat je maar kan doen om je brein te voeden met input die je de begeerde output geeft.

FILTER JE GEDACHTEN

Ons brein kan niet alle data in de wereld verwerken. Dus zijn we gedwongen om binnenkomende informatie te filteren. Als we dat niet doen, worden we gek! En in het filterproces ontwikkelen we snelkoppelingen ter verzachting van de cognitieve belasting die het maken van keuzes brengt.

Deze snelkoppelingen noemen we heuristiek. Een heuristiek is een strategie die we afleiden van een vorige ervaring met een soortgelijk probleem. Een bekend voorbeeld is "trial and error" of "gissen en missen" in het Nederlands. Dit is weliswaar een manier om problemen te benaderen, maar het is niet de meest praktische strategie. Als we louter met trial and error een carrière zouden bouwen, zouden we sterven voordat we ons doel hadden bereikt. Het leven is te kort om alles te gissen en te missen. Een andere onpraktische heuristiek die je waarschijnlijk herkent is "social proof." We baseren onze beslissingen vaak op de mening van anderen. Maar mijn favoriet is de "vertrouwdheid" heuristiek, die het volgende zegt: goede resultaten in het verleden leiden met dezelfde handelingen niet tot succes in de toekomst. Deze heuristiek verklaart waarom we liever bekende plekken en dingen hebben dan nieuwe. We eten dezelfde dingen, lopen dezelfde route, maken dezelfde fouten en volbrengen dezelfde taken op het werk. Steeds weer. En vervolgens klagen we over ons saaie leven. Dat is niet gek, je neemt besluiten op basis van wat vertrouwd voelt.

Maar wie zegt dat bekendheid altijd positief is? Het is weliswaar gunstig als je zekerheid wenst, maar als je zoekt naar een doorbraak, heb je toch iets anders nodig.

Beslissingen nemen met behulp van heuristiek mag je cognitieve belasting dan wel verzachten, maar de methode is verre van praktisch. En vaak leiden zulke besluiten tot ontoereikende resultaten. Als dat het geval is, zie het als een signaal om iets te veranderen. Verruil heuristiek voor het kernidee van het pragmatisme: waarheid is wat werkt. Vat het alleen niet te letterlijk op.

"Drugsgebruik werkt heel goed voor mij," zei een kritische vriend nadat ik het idee met hem deelde. Ik begrijp zijn punt maar als we naar de lange termijn kijken hebben we vaak dezelfde definitie van waarheid. Drugs of alcohol heeft een positief effect op de korte termijn. Maar het sloopt ons leven op de lange termijn. Maar toch, mijn vriend heeft gelijk, je kan dit idee niet te letterlijk nemen. Maar wat *kan* je letterlijk nemen in het leven? Neem het gezegde, "geduld is een schone zaak." Ik hoef je niet te vertellen dat je eeuwig thuis zou moeten wachten totdat de goede dingen gebeuren.

Interpreteer het "waarheid is wat werkt" idee als een *filter* waardoor alle informatie gaat die je brein binnenkomt.

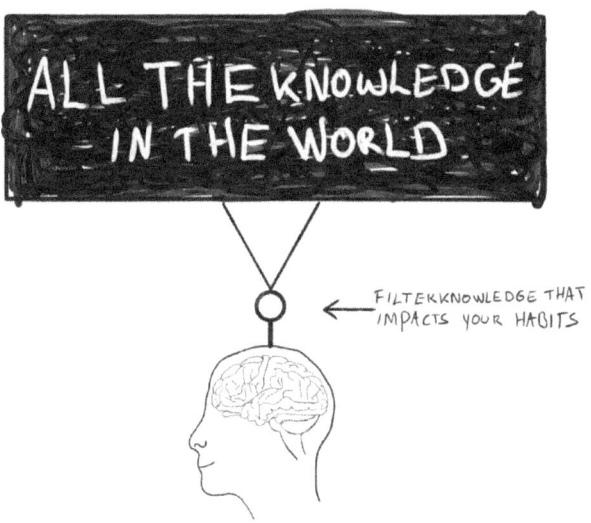

Wanneer ik een besluit moet nemen, vraag ik mijzelf: "Zal deze beslissing mijn levenswijze veranderen?" Als je consequent dit aan jezelf vraagt, zie je dat je automatisch de nutteloze informatie wegstreept; je neemt alleen beslissingen die daadwerkelijk impact hebben op je leven. Met andere woorden, je dwingt jezelf om te gebruiken wat voor jou werkt en wat jouw gewoontes beïnvloedt. Je zou bijvoorbeeld zeggen dat grote steden grotere kansen brengen. En persoonlijk geloofde ik dit. Het was de belangrijkste reden voor mijn verhuizing naar Londen. En toen ik de kans kreeg om de kleine stad achter me te laten, greep ik hem dan ook. Maar de grote stad bracht grotere verantwoordelijkheden en problemen met zich mee. Daar komt bovenop dat ik niet zo van grote steden houd.

Ik heb een hekel aan drukke plekken, vieze lucht en de buitensporig hoge kosten van levensonderhoud. Het was duidelijk dat het leven in de grote stad niet voor mij was weggelegd.

Die manier van denken had een negatieve invloed op mijn leven. Daarom besloot ik om terug naar Leeuwarden te verhuizen. Daar is het rustig, ken ik veel mensen, kan ik minder werken, terwijl ik meer verdien en ik kan overal binnen 10 minuten zijn met de auto. Maar ik realiseer dat deze lifestyle voor velen niet geschikt is. Misschien is het te saai of niet spannend genoeg. Dus? Doe wat geschikt is voor *jou*.

STOP MET "DENKEN"

Denken is moeilijk. Ik kon er nooit mee stoppen. Voordat ik het wist, bracht ik uren door in mijn gedachten, vooral wanneer ik 's nachts in bed lag. Maar ik kan met zekerheid zeggen dat 99% van mijn gedachten in het verleden nutteloos waren; ik deed niets met mijn gedachten. Noch loste ik problemen op, noch probeerde ik moeilijke ideeën of concepten uit boeken te begrijpen. Ik bracht te veel tijd door in mijn hoofd:

Dit noemde ik denken. Maar achteraf lijkt het meer op stressen, zorgen maken, flippen; noem het wat je maar wil. Ik noem het een geblokkeerd hoofd. En met wat? Nutteloze rommel.

De lijst van nutteloze gedachten is eindeloos:

- "Wat vindt mijn baas?"
- "Wat gebeurt er als ik het verpruts en mijn baan verlies?"
- "Ik denk dat hij niet om me geeft"
- "Ik blijf maar falen."
- "Houdt ze van me?"
- "Waarom deugt mijn leven niet?"
- "Waarom heb ik een mooi leven en een ander niet?"
- "Ik geef niet om mijn baan. Is er iets mis met mij?
- "Ik kan niets afmaken. Wat is er mis met me?"
- "Ik wil opgeven."

En ga zo maar verder. Ik heb slechts één vraag voor je: wat is het praktische nut van deze gedachten? Nou? Ik wacht nog... heb je nog geen antwoord? Precies.

Zulke gedachten helpen ons niet verder, maar toch verzinken we er steeds weer in. Hoe komen we er dan vanaf? Nou, ik heb geleerd dat je ze niet kan verwijderen. Weet je het nog? We hebben geen beheersing over ons bewustzijn; we bepalen alleen welke actie we nemen gebaseerd op een bepaalde gedachte.

Het is voldoende om je *bewust* te zijn van je gedachten. Erken ze, maar neem het jezelf niet kwalijk. Vraag niet, "waarom heb ik deze gedachten?" want niemand heeft het antwoord. Daarom is het beter om je bewust te zijn van je gedachten en een selectie te maken: wat kan ik negeren en wat geef ik de aandacht?

Ik heb altijd al de neiging gehad om op te geven. Tijdens de middelbare school wilde ik stoppen en gewoon een baan zoeken. Toen ik in het basketbalteam zat, wilde ik steeds stoppen (en deed dit later). Zo kan ik doorgaan totdat we het heden bereiken. Ongeacht de liefde voor wat ik deed, de gedachte om te stoppen bleef; drie of vier keer per maand wilde ik alles neerleggen. Deze momenten hebben mij vele slapeloze nachten opgeleverd.

Vier jaar geleden had ik er genoeg van. Ik wilde stoppen met denken. Dus begon ik me meer bewust te worden van mijn ideeën in plaats van direct te handelen. "Jij hebt geen controle over mij," zei ik tegen mijn gedachten (eigenlijk tegen mezelf). Het klinkt vreemd om dit tegen jezelf te zeggen, maar het werkt. Nu ben ik veel rustiger en gelukkiger.

Wanneer ik weer het gevoel krijg om te stoppen, luister ik af en toe weleens. Soms is het namelijk een teken of signaal. Maar veel vaker is het slechts angst en dan weiger ik me over te geven aan mijn gevoel.

BINNEN JE CONTROLE VS BUITEN JE CONTROLE

Als je nuttige gedachten wil, heb ik een vuistregel: Denk alleen aan de dingen die je kan beheersen. Zo elimineer je ongeveer 99% van je gedachten, aangezien je weinig dingen in het leven kan controleren.

Focus alleen op de dingen die je kan controleren:

- Verlangens
- Handelingen

- Woorden
- Voornemens

Wat is een nutteloze gedachte eigenlijk? Alles wat buiten je controle ligt en geen doel dient. Denk je weleens aan het verleden? Dat is een perfect voorbeeld van een willekeurige gedachte zonder zinvol doel, tenzij je reflecteert op een eerdere beslissing of fout. In het geval van reflectie doe je iets nuttigs. Maar andere gedachten over het verleden dienen geen doel. Vanuit dat perspectief is het zinloos. En fantaseer je weleens over de toekomst? Ook nutteloos.

Ik heb twee soorten nuttige gedachten ontdekt:

1. **Verzinnen van oplossingen voor problemen.** Een probleem is niets meer dan een onbeantwoorde vraag. Zet je verstand aan het werk en zoek naar oplossingen. Aan problemen hebben we geen gebrek op aarde.

2. **Begrijpen van opgedane kennis.** Dat betekent: maak verzamelde data eigen en vogel uit hoe je de kennis gebruikt om je leven, carrière, werk en relaties te verbeteren.

Dat is alles. Elke andere gedachte kan je negeren. Als je constant doelloos aan het denken bent, komt dat door een gebrek aan training van je hersenen. Je moet je niet langer verstoppen in je hoofd. Stap eruit want anders word je gek. Er gelden geen uitzonderingen; ieder persoon zal zijn gezond verstand verliezen als het gevolg van opkropping.

Vraag jezelf: "Is dat de moeite waard?"

Wil je werkelijk je tijd, energie en leven verspillen aan zinloos denken? We weten beiden het antwoord. **Verplicht jezelf om te stoppen met denken aan nutteloze dingen. Begin controle te nemen over je verstand.** Al dat gepieker over het verleden en de toekomst biedt geen steun: het heeft je nooit geholpen. En daar zal nooit wat aan veranderen.

VERTROUW JE VERSTAND NIET

Heb je ooit een beslissing gemaakt die achteraf niet logisch bleek? Aangezien we nogal irrationele wezens zijn, acht ik de kans groot. Elke persoon creëert zijn eigen sociale realiteit. De manier waarop jij de wereld bekijkt is volkomen subjectief. We hebben namelijk allen cognitieve biases.

Het concept cognitieve bias werd in 1972 geïntroduceerd door de psychologen Amos Tversky en Daniel Kahneman. Het houdt een systematische denkfout in die ons oordeel beïnvloedt, en daarmee onze beslissingen aantast.

Een favoriete cognitieve bias van mij is de *attentional bias*. Het is wetenschappelijk bewijs van het idee dat je leven het resultaat is van je gedachten; aan de basis ligt dat onze percepties worden beïnvloed door onze gedachten. Zo staan negatieve gedachten gelijk aan een negatief beeld van het leven. Onze percepties beslissen namelijk onze acties en beslissingen, die gebundeld, ons leven vormen. Dat is de essentie van deze cognitieve bias; onze geest is weliswaar onlogisch, maar tegelijkertijd ook simpel.

Dan hebben we nog de bekendste cognitieve bias, de *confirmation bias*. Het verklaart de neiging om eigen bestaande opvattingen te bevestigen. Als je iets gelooft, zoek je volgens de *confirmation bias* naar informatie, aanwijzingen en tekens voor steun. Met andere woorden, je doet er alles aan om te bewijzen dat je *niet* fout zit. In plaats van te kijken naar de feiten, hecht je dus veel waarde aan je persoonlijke *overtuiging,* wat alle cognitieve biases gemeen hebben.

Op het moment van schrijven zijn er 106 besluitvorming gerelateerde cognitieve biases bekend! De meeste heb ik bestudeerd aan de hand van onderzoeken en boeken. Mijn conclusie is dat je geest niet te vertrouwen is. Maar misschien is dat ook een cognitieve bias. Wie weet?

Waar het op neer komt is: vermijd beslissingen die gebaseerd zijn op overtuigingen, huis-tuin-en-keuken-logica en zelfs wetenschap. Wetenschappers zijn ook mensen. Dat betekent dat zij ook niet ontkomen aan cognitieve bias; ze staan zelfs berucht om hun neiging om bewijs te vinden voor hun ideeën.

De sleutel tot het maken van betere beslissingen vind je niet door *meer* kennis te vergaren. Een pragmatisch en neutraal gezichtspunt leidt daarentegen wel tot een goed gefundeerd besluit. Maar helaas bestaat er geen "beste beslissing." Als dat het geval was, leefden we in een utopie waar mensen logische en praktische besluiten namen. Daarom zie ik het zo: er bestaan alleen *goed* en *slecht gefundeerde* beslissingen.

We denken graag dat we het allemaal uitgevogeld hebben omdat we een paar boeken of onderzoeken hebben gelezen. Er is echter één probleem: je kan je oordeel niet vertrouwen, ongeacht de mate van je kennis. Bewustzijn van dit simpele inzicht helpt je om je beslissingen beter te funderen. Telkens als ik vastzit in een denkpatroon probeer ik los te breken door te kijken naar de lijst met cognitieve biases op Wikipedia. Als je meer leest over biases, kom je erachter dat we met zijn allen ontzettend onlogisch zijn.

KIJK NAAR DE FEITEN

Ik heb een hekel aan aannames. En toch maak ik ze telkens. Wanneer iemand mijn e-mail niet beantwoordt, neem ik aan dat er niet om mijn bericht wordt gegeven. Wanneer iemand zich verontschuldigt, neem ik aan dat het niet wordt gemeend. Wanneer ik hoofdpijn heb, neem ik aan dat ik ziek ben. Ik realiseer me dat deze neigingen niet praktisch zijn. Ze zijn nu eenmaal niet gebaseerd op feiten.

Als je praktisch wil denken moet je van alle aannames afstappen en alleen naar de feiten kijken. William James zei het volgende tijdens een college over pragmatisme: "The pragmatist clings to facts and concreteness, observes truth at its work in particular cases, and generalizes."

Om zaken simpel te houden, kijken we kort naar twee modellen om keuzes te maken. De ene manier is gebaseerd op feiten, de andere op aannames:

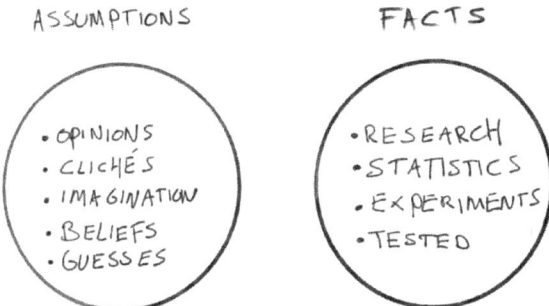

- Lost jouw product een bepaald probleem op? Of veronderstel je dat?
- Ben je in staat om geld te verzamelen voor je startup? Of neem je dat aan?
- Krijg je een loonsverhoging? Of neem je aan dat je baas die zal geven?
- Is de deal rond de verkoop rond? Of veronderstel je dat de cliënt zal tekenen?
- Stellen mensen je kunst op prijs? Of neem je de waardering aan?

Ik wil aannames altijd vermijden. Ik kijk naar *feiten* en vervolgens trek ik conclusies op basis daarvan. Maar wat als je niet kan vertrouwen op feiten? Nou, soms kan je ze simpelweg niet vinden of moet je een snelle beslissing nemen. In die (zeer zeldzame) gevallen kan ik niet anders dan afgaan op mijn onderbuikgevoel. Wat je ook maar doet, verspil je gedachten nooit aan een slecht gefundeerde mening of gissing van een ander.

WAARHEID VS ONWAARHEID

In het vorige hoofdstuk hadden we het over feiten en hoe we daardoor praktischer denken. Maar staan feiten ook gelijk aan de waarheid? Het antwoord is nee. Verwarrend, niet? Het is net als het leven. Is er een God? Ik weet het niet. Ik heb nooit bewijs gezien voor Zijn bestaan. Betekent dit dat God niet bestaat?

Het maakt niet uit wat ik denk. Als God een impact heeft op jouw leven, bestaat Hij voor jou, ongeacht de mening van wetenschappers. Friedrich Nietzsche, de Duitse filosoof die een diepgaande invloed had op westerse filosofie, zei zoals bekend: "There are no facts, only interpretations."

Nietzsche was een man met pure zelfkennis. Sigmund Freud merkte zelfs op dat "hij een sterkere kennis van zichzelf had dan enig mens dat ooit had geleefd en dat ooit zal leven." Hij was een bijzonder analytische denker, vooral als het aankwam op zijn eigen gedachten. Toen Nietzsche zei dat er geen feiten bestaan, bedoelde hij dat wij, als mensen, uiteindelijk vertrouwen op onze *interpretaties* van de realiteit. Een objectieve manier om de realiteit te bewijzen bestaat niet. Dit wil niet zeggen dat niets echt is en dat we allemaal in een droom leven. We moeten ons gewoon realiseren dat feiten niet gelijk staan aan de waarheid.

Die simpele gedachte kan je veel energie besparen, want het betekent dat niemand goed of fout zit. Bespaar jezelf de moeite en probeer een ander niet te overtuigen met verschillende versies van de waarheid. Het is geen praktische activiteit; spaar je energie voor andere, nuttige dingen.

NEEM DE TIJD OM TE DENKEN

Ik dacht altijd dat slimme mensen snelle denkers waren. "Hij denkt als een speer! Wat een slimme gast." Dus ook ik probeerde snel beslissingen te nemen; elke keer dat ik geconfronteerd werd met een probleem of als iemand me iets vroeg, dacht ik: "SNEL, SNEL, SNEL!" Het zal je niet verrassen dat mijn eerste antwoorden waardeloos waren.

Derek Sivers, oprichter van CD Baby, en een van mijn favoriete denkers, geeft toe dat hij een trage denker is: "It's a common belief that your first reaction is the most honest, but I disagree. Your first reaction is usually outdated. Either it's an answer you came up with long ago and now use instead of thinking, or it's triggering a knee-jerk emotional response to something that happened long ago."

Het overwegen van dingen neemt tijd. Telkens als ik een vlot antwoord gaf, dacht ik niet na, maar was ik impulsief. Derek Sivers trainde zichzelf om zijn vroegste gedachten niet te vertrouwen. En dat deed hij ook toen e-mails te veel van zijn tijd vraten. Als publiek figuur ontving Derek enorm veel mails van zijn lezers. De meeste bevatten "korte vragen" die maar vijf minuten van zijn tijd vroegen. Maar zoals hij zegt, als je 100 van die vragen ontvangt, culmineert dat in acht uur per dag aan e-mails beantwoorden.

Na het beantwoorden van 192,000 e-mails tussen 2008 en 2016, realiseerde Derek zich dat hij iets moest veranderen. Dus besloot hij om van de aardbodem te verdwijnen: "I was going to go hardcore, shut off all email and social media, and make myself unreachable to all but a few close friends and colleagues. It felt like the only solution."

Dat was zijn eerste gedachte. "But then I realized I could remain reachable as long as I don't answer questions," nuanceert Derek later. Ik ben blij dat hij geen gevolg heeft gegeven aan zijn eerste idee. Zijn uiteindelijke beslissing om die "korte vragen" te negeren, is vele malen beter; als een persoon die contact heeft gehad met Derek, weet ik dat hij een grote impact heeft op het leven van mensen.

Wat ik wil zeggen is het volgende. Als iemand je een vraag stelt, is het oké om te antwoorden: "Ik weet het niet." Je kunt het ook tegen jezelf zeggen. Vaak genoeg ben ik streng geweest voor mezelf nadat ik geen onmiddellijk antwoord had voor mijn persoonlijk problemen. Dat maakt je niet dom. Het maakt je mens.

Waarom zijn we eigenlijk bang om *dom* over te komen? Deze vraag is afgeleid van het perfecte voorbeeld van langzaam denken. In plaats van gehoor geven aan je instinct van "Ik zal ze eens laten zien!" kan je namelijk ook een stapje terugzetten en jezelf vragen: "Waarom wil ik eigenlijk *intelligent* overkomen?" Als je er even over nadenkt, maakt het niet uit wat anderen van je denken. Het is altijd beter om de tijd te nemen om te denken. Als mensen je daarom dom vinden, zouden ze eens goed naar zichzelf moeten kijken.

GEEN VLOTTE BESLISSINGEN MEER

- "Zullen we een zakenreis naar Thailand boeken?"
- "Ben je geïnteresseerd om te spreken bij bedrijf X?"
- "Zullen we de keuken vervangen?"
- "Denk je dat we John Doe zouden moeten ontslaan?"
- "Wat vind je ervan om nog een salesmanager aan te nemen?"

Dit zijn enkele vragen die ik de afgelopen tijd heb gekregen. En weet je wat? Zoals ik de tijd neem om grondig over mijn uitdagingen na te denken, neem ik een moment om "vlotte" beslissingen uitvoerig te beschouwen. Iedere keer als ik *ja* zei tegen een gastcollege, interview of seminar, dacht ik er nooit lang over na. Wanneer iets in de toekomst ligt, zijn we eerder geneigd om positief te antwoorden. "De trip is gepland voor september... en het is nu maart. Oh, dat is nog eeuwen van nu!" Zonder erover na te denken, heb je toegezegd tot een zakenreis of familievakantie. Maar zodra het september is, beland je in een lekkere professionele flow, heb je nieuwe (belangrijkere) verplichtingen of zit je in het midden van een ander project. En nu zit die vlotte *ja* van "eeuwen geleden" je dwars: "Zal ik de trip afzeggen? Moet ik gaan? Of zal ik de reis beperken tot twee dagen?"

Waarom zouden we zaken zo moeilijk maken als we ze kunnen oplossen door een extra dag na te denken? Die extra dag is alles wat je nodig hebt. Denk dingen gewoon door. Ken jezelf. Momenteel zit ik bijvoorbeeld in een fantastische schrijfflow. Ik voel geen noodzaak om de stad te verlaten; elke dag heb ik een vaste routine die mijn werk en leven bevordert. Ik geniet enorm van mijn leven. Wanneer ik een weekendje wegga wordt mijn routine compleet verstoord. En dan heb ik weer twee weken nodig om terug te keren naar mijn "oude" ik.

Dit is echter niet mijn permanente mindset. Op het moment schrijf ik dit boek, ben ik bezig met de koop van een nieuw appartement en openen we een nieuw kantoor. Je kan zeggen dat ik gefocust ben op een aantal belangrijke zaken. Maar er zijn tijden dat ik flexibel ben en *wel* zin heb om te reizen en vrienden of zakenpartners te bezoeken.

Dus ik gun me momenteel meer tijd om beslissingen te nemen en ik volg niet de eerste gedachte die in mij opkomt. In plaats daarvan zeg ik: "Geef me een dag of twee om erover na te denken." Dat is alles wat je nodig hebt.

RELAX JE BREIN

Wanneer ik mijn perspectief op het leven eenmaal had veranderd, begon ik mijn brein dagelijks in te spannen. Per dag begon ik twee uur te lezen en noteerde ik alles wat ik die dag had geleerd. Daarnaast begon ik mijn ervaringen te delen door het schrijven en publiceren van artikelen. Er ging een wereld voor me open. Ik kon maar geen genoeg krijgen van leren; elke week kocht ik nieuwe boeken en verslond elk nieuw stukje kennis dat ik tegenkwam.

Maar na een aantal weken had ik een mentale blokkade. Plotseling bevroor mijn verstand. Ik voelde geblokkeerd: ik kon niet denken, lezen of *schrijven*. De hele dag had ik hoofdpijn. Ik voelde me bijna een week ziek en begreep niet waarom. Ik *kon* niet *denken* over de mogelijke oorzaak.

Toen ik me eenmaal beter voelde, ging ik weer verder waar ik gebleven was. Deze keer ging ik zelfs langer door; het duurde ongeveer twee maanden voordat ik tegen de volgende muur aanliep. Maar deze keer was het anders. Ongeacht de geïnvesteerde tijd en moeite, miste ik het gevoel van ontwikkeling en bezit van nieuwe kennis. Ik zette echter gewoon door strubbelingen heen.

Nadat dit patroon een paar keer voorkwam, begreep ik eindelijk wat er aan de hand was. Het trainen van je brein gebeurt in fases. Voordat je naar de volgende fase kan, moet je door een *muur* heen. Ik geloof dat zowel het leren van vaardigheden als zelfontwikkeling in stadia gebeurt.

In het begin van elk stadium leer je gemakkelijker nieuwe dingen omdat alles nog vers is. Maar hoe dichter je bij het einde komt, hoe moeilijker het wordt. In mijn geval kreeg ik hoofdpijn. Ik was echter niet aan het einde van de fase, aangezien ik na een korte terugslag direct weer verder ging.

Op een gegeven moment zal je tegen een grote muur aanlopen. Dat is de mentale blokkade. Het is ook het punt waarop je hetgeen wil opgeven dat je wilde bereiken: een boek schrijven, een onderneming starten, verandering in je carrière of het leiden van een groep mensen. Wanneer je tegen de muur botst, stopt alles. Het boek is plotseling onzin, de onderneming zal waarschijnlijk toch falen, de beoogde carrière lijkt onmogelijk en de groep mensen neemt je niet langer serieus. Alles is verloren.

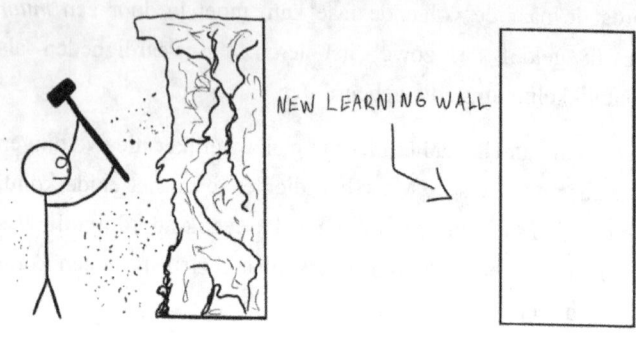

Ik heb mijn brein getraind om de blokkade als een positief moment te zien. Wanneer ik een muur bereik, weet ik dat de volgende fase van mijn ontwikkeling nader is. In plaats van op te geven, voel ik me blij. Het enige wat ik moet doen is een pauze nemen, herladen en mijn brein rust geven. Ik spreek af met vrienden en speel tafeltennis met mijn broer op ons kantoor. Ik luister naar mijn favoriete artiesten zoals Jay-Z, Bob Dylan, Kendrick Lamar of Bon Iver en kijk veel films.

Ik neem gewoon de tijd om te relaxen en laat mijn brein sterker worden terwijl ik niet denk of aan iets werk. Vervolgens ga ik weer verder waar ik gebleven was. Ik gebruik mijn energie om door de muur te breken. En het werkt altijd.

TEKEN JE GEDACHTEN

Voordat we taal hadden uitgevonden, communiceerden we via beeld. Geleidelijk is dit vervangen met woorden als primair communicatiemiddel. Daarom denken we ook in woorden. Als ik denk, praat ik tegen mezelf. En wanneer ik notities maak, praat ik ook tegen mezelf. "Schrijf een hoofdstuk over het tekenen van je gedachten," schreef ik in mijn notitieboek toen ik dit deel van het boek voorbereidde. Een van de bekendste denkers aller tijden, Leonardo da Vinci, dacht visueel. Hoe weet ik dat? Ik nam een kijkje in zijn notitieboek, dat je gemakkelijk kan vinden via Google. Hier is een voorbeeld:

Onze tekenvaardigheden hoeven lang niet zo goed te zijn als da Vinci, maar er valt wel wat te leren. Tekenen bevrijdt je brein van de constante verbalisatie. In 2016 begon ik illustraties te maken voor mijn blogartikelen. Als gevolg zijn mijn tekenvaardigheden niet verbeterd, maar mijn artikelen wel. Een van de redenen is dat ik de tijd neem om te verzinnen hoe ik mijn idee *visueel* kan delen. Ik wil dat lezers aan de hand van mijn illustratie direct begrijpen wat ik wil overbrengen met het artikel.

Daarom besteed ik veel aandacht aan de visualisering van een idee. Soms teken ik een grafiek en soms benadruk ik een zin of woord en een andere keer teken ik een simpele cartoon. Wanneer de tekening af is, pas ik mijn artikel vaak nog aan om mijn idee duidelijker te maken. En sommige artikelen beginnen zelfs met een tekening.

Ook dit boek begon met een tekening (op de cover). Het is ook de tekening die ik had gebruikt voor het Van chaos naar helderheid hoofdstuk. Hier is hij weer:

Deze illustratie maakte ik zonder specifiek doel. Ik was gewoon een paar ideeën aan het visualiseren. Een daarvan was de vroegere chaos in mijn hoofd; voordat ik een remedie had gevonden voor de drukte. Als gevolg daarvan denk ik nu praktisch en helder. Dat beeldt de tekening uit. En nu is het een boek.

WEES JEZELF (NIET WAT JE ZOU MOETEN ZIJN)

"Conquer yourself rather than the world."

— *René Descartes*

- Ik zou je graag een paar vragen willen stellen:

- Waar ben je goed in?

- Waar ben je slecht in?

- Hoe leer je nieuwe dingen?

- Waar heb je een passie voor?

- Wat vind je niet leuk?

Met andere woorden: *Wie* ben je? Wat is je DNA? Natuurlijk, biologisch zijn we allemaal min of meer hetzelfde: we hebben organen, botten, bloed en zenuwen. We gaan allemaal ooit dood. Waarom is zelfkennis belangrijk? Een hele lange tijd had ik geen idee; tijdens al mijn jaren op school vertelde niemand mij over het belang ervan. Maar het blijkt dat een gebrek aan zelfkennis de reden is achter de foute beslissingen in mijn leven.

- Mijn banen.

- Mijn vriendinnen.

- De dingen die ik najoeg.

- De mensen met wie ik omging.

Deze kwesties kwamen niet overeen met mijn sterke punten, waarden, vaardigheden en verlangens. Mijn ex-vriendin wilde de wereld rondreizen en in verschillende landen wonen. Ik heb een hekel aan dat idee; ik wil dichtbij mijn familie en beste vrienden blijven. En als ik niet in een ander land woon, heb ik niet het gevoel dat ik iets mis in mijn leven. Een thuis hebben is wat mij gelukkig maakt.

Wanneer je een relatie hebt met een persoon die andere waarden heeft, is er sprake van een nulsomspel: één persoon verliest altijd. We gingen uit elkaar. Ik heb bij callcenters gewerkt waar ik domme producten verkocht aan mensen die ze niet nodig hadden. Waarom had ik een baan die me slecht deed voelen? Ik wilde gewoon een paar euro's verdienen. Ik dacht dat het zo hoorde. Maar ik kende mezelf niet.

Vandaag ken ik mezelf beter dan tien jaar geleden. En over tien jaar zal ik me nog beter kennen dan vandaag. Jezelf kennen is de eerste stap als je iets aan je leven wilt verbeteren. Stap twee is handelen naar aanleiding van die kennis.

Soms komen kansen op me af en ben ik geneigd om te snel *ja* te zeggen. Maar eigenlijk moet ik dan een stapje terugzetten en mezelf vragen: ben ik dit? Vaak is het antwoord *nee*. Ik ben erachter gekomen dat de meeste dingen in het leven niet voor mij zijn. De meeste banen, kansen, landen, mensen, feestjes, lifestyles en boeken interesseren mij niet. Het gaat erom dat ik de dingen vind die *wel* voor mij zijn. En geloof het of niet, dat is een klein lijstje.

NEEM DE TIJD VOOR REFLECTIE

We hebben een druk leven. En soms is er geen tijd om te denken. Maar als denken de prioriteit niet heeft, maak daar verandering in. Want als je dat niet doet dan eindig je zoals ik een aantal jaar geleden leefde. Tussen 2012 en 2015 reflecteerde ik op niets. Het resultaat? Plotseling was ik overweldigd en wist ik niet wat ik met mijn leven moest.

Ik was beland in een ware interne crisis. Aangezien ik geen zicht had op wat ik moest doen begon ik meer boeken te lezen. En ik merkte dat veel slimme en gelukkige mensen een dagboek bijhielden. In het bijzonder reflecteerden zij op wat ze geleerd hadden, hun fouten en behaalde doelen.

Toen ik dagelijks een dagboek begon bij te houden, schreef ik mijn autobiografie. Het is niet bedoeld voor publicatie; het doel ervan is reflectie en educatie. Als je niet weet waar je over moet schrijven, begin met je levensverhaal. Ik ben er zeker van dat je met iedere paragraaf meer over jezelf zal leren. Een keer per week lees ik wat ik in mijn dagboek heb geschreven. Dat is wat ik bedoel met reflecteren. Dit helpt mij om:

1. Mijn fouten te zien, zodat ik ze kan voorkomen in te toekomst.

2. Mijn voortgang te waarderen als ik lees over mijn prestaties.

3. Mijn gedachten te ordenen en mijzelf te betwijfelen,
    zodat ik betere beslissingen neem.

Kort gezegd: ik houd een dagboek bij en reflecteer omdat het nuttig is.

PRAKTISCH OMGAAN MET GELD

Een vriend vertelde me dat hij een hekel had aan zijn baan. Toen ik hem vroeg waarom hij daar niks aan deed, antwoordde hij: "Ik heb het geld nodig." Hoewel geld belangrijk is, geven we het te veel waarde. Geld domineert onze gedachten, keuzes, en daardoor ons hele leven. Vind je dat niet een beetje overdreven? Er is een simpele manier om de dominantie van geld in het leven te verminderen; ik leef volgens deze vijf regels:

(PRACTICAL) **MONEY RULES**

* Don't buy shit you don't need.

* Save at least 10% of your income every month

* Stay out of debt

* Invest your money in things that have a return

* Don't be stingy (it's just money)

De afgelopen vier jaar heb ik deze regels gevolgd. En geld heeft geen enkele rol gespeeld in mijn gedachten. Ok, dat is niet helemaal waar. Ik *denk* nog steeds aan geld. Dat doet iedereen. Maar zodra ik denk, "Ik heb genoeg geld op mijn spaarrekening," stop ik. Zolang je maar genoeg geld hebt om zes maanden te overleven, komt alles goed, wat er ook gebeurt. Elk gezond mens kan binnen dat tijdsbestek een baan vinden of geld verdienen.

Er is slechts een voorwaarde: investeer in je vaardigheden. Het is naïef om te denken dat je *altijd* wel een baan kan vinden zonder er wat voor te doen. Maar dat is geen verrassing, of wel? Geld verdienen is niet makkelijk. En dat is de bedoeling.

Persoonlijk *investeer* ik mijn geld liever dan dat ik het *uitgeef*. Geld investeren betekent niet alleen beleggen op de beurs of in vastgoed. Zo heb ik geen probleem om €3000 te besteden aan nieuwe laptop; het is gereedschap waarmee ik mijn werk volbreng en de kost verdien. Tevens ben ik niet gierig als het op belangrijke aankopen aankomt. Ik koop liever een jas van goede kwaliteit die ik niet ieder jaar hoef te vervangen omdat de naden eruit vallen.

Simpel gezegd: ik koop geen onnodige dingen. Zo heb ik niet elk jaar een nieuwe iPhone nodig. Ik hoef ook geen schoenen die €500 kosten. Maar dat betekent ook weer niet dat ik me moet beperken tot slechts één paar schoenen. Ik koop gewoon niet *alles* wat ik leuk vind. Exorbitant veel spullen kopen is niet praktisch, aangezien ik niet voldoende ruimte heb. Bovendien wil ik mijzelf trainen om dingen te weerstaan ter verbetering van mijn zelfdiscipline.

Onthoud: Geld is een vervangbaar middel. Wanneer het op is, kan je het terugverdienen. Dat geldt niet voor tijd. Verspil je tijd daarom niet te lang aan het denken aan geld.

DENK JEZELF NIET UIT
PROBLEMEN

In eerste instantie lijkt dit niet zinvol, maar bekijk het zo: als je te hard over iets nadenkt krijg je vaak slechte ideeën. Je kan je namelijk niet actief uit alles kan denken. Je hebt vast weleens een goed idee gekregen onder de douche. Dat komt doordat je niet actief aan het denken was.

Het is goed om je gedachten de vrije loop te geven. Ook dit is onderdeel van de controle over je geest; *jij* bent in staat om te beslissen wanneer *jouw* gedachten vrij zijn. Zoals je na een lange dag op de bank ligt en je spieren ontspant, kan je ook je gedachten loslaten.

Dat kan je op verschillende manieren doen. De een gaat naar de yogastudio en de ander mediteert liever dagelijks. Het medium is niet relevant. Naar mijn ervaring zijn er veel manieren om te ontspannen. Een ding is echter essentieel: je hebt *niets anders dan jezelf nodig* om te relaxen. Ontspanning vereist geen yoga, sport, meditatie, muziek, geuren of wat je ook maar denkt nodig te hebben.

Laat alles gaan. Ontsnap aan de buitenwereld en je zal vrede vinden in je hoofd. Als je dit niet kan, train jezelf. Wees je bewust van je gedachten, observeer ze en laat ze vervolgens gaan. Dat is het complete proces; je kan het overal en altijd toepassen. Je hoeft je omgeving niet te veranderen. Laat gaan en ontspan. En doe het zo vaak als je nodig acht.

Je zult merken dat de momenten waarop je *niet* denkt even belangrijk zijn als de momenten waarop je actief denkt.

WEES ONCONVENTIONEEL

Mijn afkeer van conventioneel denken is met de tijd gegroeid. Niet omdat ik anders wil zijn, maar vanwege de conventionele resultaten die het levert. Ik heb daar een hekel aan. En als *jij* met zulke resultaten gelukkig was, zou je dit boek niet lezen.

Laten we besluitvorming eens onder loep nemen. De meest traditionele methode om een beslissing te nemen is de "voor-en nadelenlijst." Benjamin Franklin schreef hier als eerste over. In 1772 noemde hij de methode in een brief aan zijn vriend, Joseph Priestley. En vandaag stellen we nog zulke lijsten op. Heel vaak zelfs. Wat zijn de voor- en nadelen als ik:

- "Ontslag neem?"
- "Het uitmaak met mijn vriend?"
- "Deze baan accepteer?"
- "Een nieuwe auto koop?"
- "Een eigen bedrijf begin?"

Dan nemen we een vel papier, tekenen een lijn in het midden en zetten we de voordelen links en de nadelen rechts (of vice versa). Ongeacht mijn waardering voor de eenvoud, ben ik met de voor- en nadelenlijst gestopt na een slechte ervaring.

Op advies van een vriend maakte ik een lijst toen het minder goed ging met mijn eerste relatie. Ja, ik heb werkelijk een voor-en nadelenlijst gemaakt zodat ik kon beslissen of ik het met mijn vriendin moest uitmaken of niet. Wanneer ik eraan terugdenk, schaam ik me ervoor. En het sloeg nergens op want er is altijd een groep factoren die zwaarder weegt dan alle andere factoren. Nagenoeg alle voor-en nadelenlijsten zijn hetzelfde.

- **Voordelen van in een relatie blijven:** Je hebt iemand met wie je alles kan delen, op vakantie kan, seks kan hebben, etc.

- **Nadelen van in een relatie blijven:** Minder tijd voor mezelf, ruzie, op visite bij de schoonfamilie, etc.

Het is *altijd* hetzelfde verhaal; het is niet zinvol. Hetzelfde geldt voor stoppen met een baan die je haat. Het voordeel is dat je af bent van een slechte baan, maar aan de andere kant komt er veel onzekerheid voor in de plaats. Het is tijd om vrij te breken van conventionele denkwijzen. Denk niet langer binair en begin vanuit overvloed te denken. **Het is niet het *een of het ander* in het leven. Je kan *dit en het ander* hebben.**

Voorheen zag ik maar twee opties: *of* ik stop met mijn zaak *of* ik neem een baan. Veel van mijn vrienden vinden dat je je baan moet opzeggen en een onderneming moet starten. Hoe komen we aan zulk soort aannames? Toen mijn bedrijf een paar jaar geleden niet groeide, accepteerde ik een baan bij een groot IT-onderzoeksbureau. In de avonden (en soms overdag) en weekenden runde ik mijn eigen business; de rest van mijn tijd besteedde ik aan mijn 9-5 baan. Andersom is het trouwens ook mogelijk. Je kunt prima een onderneming starten wanneer je nog een baan hebt. Dat noem ik *out of the box* denken.

We beperken onze potentie door klein en conventioneel te denken. We willen altijd maar binnen de *box* blijven. We nemen nauwelijks een stap terug om het hele plaatje te kunnen zien. Neem een kijkje naar de onderstaande tekening.

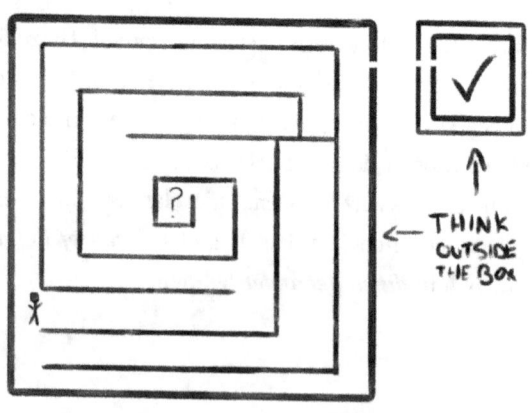

Als je binnen het doolhof staat, zal je snel geneigd zijn om naar het midden te lopen. Toch? Dat is immers wat je *zou moeten* doen wanneer je in een doolhof bent. Bovenstaand doolhof is echter anders: de prijs bevindt zich niet in het midden, maar erbuiten, wat betekent dat het alleen zichtbaar is vanuit een helikopter perspectief. Vanuit de doolhof is het onmogelijk om het doel te zien. En toch leven velen van ons vanuit dit beperkte perspectief. We doen dingen op conventionele wijze, omdat het "zo hoort".

Wanneer je stopt met het doen van dingen *zoals je ze zou moeten doen*, begin je de dingen te doen zoals *jij* ze doet.

VRAAG NIET WAAROM

Ik ben een kluns wanneer gaat om e-mails versturen. Het selecteren van de ontvanger is vooral listig. Ik typ altijd de eerste letter van een naam en druk op enter; ik vertrouw de computer en check daarom nooit of ik de juiste persoon heb geselecteerd. Ik ben lui. En als ik de verkeerde persoon mail, is het vaak geen probleem en krijg ik grappige reacties van mensen.

Een keertje kostte deze simpele fout mij echter een deal van €150.000. Ik werkte met twee bedrijven tegelijkertijd aan een meerjarige deal. Beide contactpersonen hadden dezelfde naam. Laten we ze Wim noemen: de ene was een bestaande cliënt (Wim A) en de ander was een potentiele cliënt (Wim B). Beide mannen wilden soortgelijke consulting voor hun bedrijven. Omdat Wim A een loyale cliënt was, gaf ik hem een lagere prijs. Echter stuurde ik dit contract naar Wim B.

Deze keer had mijn fout gevolgen. Voordat hij het gunstige contract van Wim A had gezien, had ik Wim B al een hogere offerte gegeven. En toen hij de lagere totaalprijs van Wim A zag, was hij teleurgesteld: "Waarom krijgt hij een lager tarief? Is dat hoe jullie zakendoen?" Wim B besloot om geen zaken met ons te doen.

Deze fout leerde mij drie dingen:

1. Check altijd dubbel.
2. Kleine dingen kunnen grote dingen worden.

3. Bevoordeel niet.

Het heeft geen nut om te vragen waarom ik een fout had gemaakt. Of waarom ik altijd lui ben geweest met e-mail. Ik zat gewoon fout en er is geen rechtvaardiging. Wijs belangrijke details nooit af en zeg niet: "Dat maakt niet uit." Misschien "maakt het niet uit" dat je iedere ochtend op snooze drukt of dat je details van je boek, verslag of film negeert.

Het punt is dat het *niet* streven naar perfectie een gewoonte wordt. Maak je geen zorgen over perfectionisme. Dat bestaat namelijk niet. Vaak zijn mensen het tegenovergestelde. Perfectionisme is slechts een excuus. De realiteit is dat we bang zijn voor de mening van anderen over ons werk.

Hoe dan ook: het is doelloos om te vragen, "waarom?" wanneer je tegen obstakels en uitdagingen loopt of fouten maakt. Overweeg in plaats daarvan *wat* je kan doen om de strubbelingen te overwinnen.

GEEF MEER AANDACHT AAN DE DETAILS

Ik miste een klein detail en het kostte me veel. Maar de les die ik heb geleerd is meer waard dan de gemiste deal. Details zijn het belangrijkste aspect van business, werk, sport, kunst en het leven. "Het venijn zit in de details," is een van mijn favoriete gezegdes. Maar in het verleden lapte ik het aan mijn laars. De grootste reden was mijn ongeduld. Alles wat ik deed was gehaast: e-mails sturen, telefoontjes plegen, verslagen schrijven, opdrachten uitvoeren, essays schrijven, etc. Ik dacht het erom ging dat ik het werk afkreeg. Maar ik zat fout, want dingen lijken op het eerste gezicht eenvoudig en totaal niet tijdrovend. Totdat je ze begint te doen.

Het kostte mij 15 maanden om dit boek te schrijven. Talloze uren heb ik besteed aan onderzoek rondom het onderwerp. Vervolgens heb ik mij uren beziggehouden met schrijven, aanpassen, nog meer schrijven en weer aanpassen. En dan meer van hetzelfde. Daarnaast heb ik de titel drie keer veranderd en de ondertitel nog vaker.

Mijn eerste titel was *De kunst van pragmatisch denken*. Aanvankelijk sprak deze titel mij aan, want het klonk bekend. Maar zodra ik een boek over denken begon te schrijven, begon ik de methodes waarover ik schreef toe te passen. Dus ik dacht: "Wat betekent *De kunst van* eigenlijk? Ik kon geen goed antwoord verzinnen, wat ik interpreteerde als signaal om de titel te veranderen.

Weet je wat grappig is? Mijn tweede titel was *De kracht van pragmatisch denken*. Zoals een waar genie, verzon ik nog een onbeduidende titel (die zelfs langer was dan de vorige)! Weet je wel hoeveel boekentitels beginnen met *De kracht van*? Een vlugge zoekopdracht op Goodreads geeft 313 resultaten. Dat zijn veel boeken met die woorden in de titel of subtitel. Een les die ik heb getrokken uit het auteurschap is dat je boek op de een of andere manier moet opvallen. Niemand maalt om een beter boek over denken. De reden dat je *dit* boek hebt gekozen is waarschijnlijk dat je *iets anders* verwachtte. Maar met de twee vorige titels was ik er zeker van dat niemand het boek als *anders* zou beschouwen. Twee weken voordat ik de Engelse versie van dit boek publiceerde kondigde ik het aan op mijn blog. En mijn lezers waren al gauw enthousiast over de titel. Ik kreeg reacties als:

- "Can't wait for the book! Well done."
- "I am so excited to read your new book!!"
- "What a determined person you are! I look forward to Think Straight."

Ik houd van mijn lezers. Daarom investeer ik veel tijd in de juiste titel. Toen ik het boek aankondigde op mijn blog en sociale media, waren mijn lezers enthousiast. En de enige informatie die ze hadden, was de titel. Mijn lezers opgewonden en gelukkig maken was mijn doel. Dus aan iedereen die me gemaild had: ik hoop dat ik je niet heb teleurgesteld.

Denken aan de details is onderdeel van je werk. Als schrijver is het je werk om het best mogelijke boek te schrijven. Als designer is het je werk om het best mogelijk ontwerp te leveren. Je bent hier niet om slechts een boek te schrijven en vervolgens te verdwijnen. Of om één product te ontwerpen en dan met pensioen te gaan. Als je wilt groeien - financieel, spiritueel, mentaal – moet je steeds terug naar de details.

Onderschat of negeer details nooit als je goed werk wil afleveren. En als dat niet je doel is, begin het werk dan niet.

LAAT DENKEN BUITEN BESCHOUWING

Ik wil niet een persoon worden die alleen maar denkt en nooit enige actie onderneemt. Ik wil wat nuttigs doen met mijn leven. Dat is de enige reden waarom ik denk. Ik wil meer uit mijn leven halen omdat het me voldoening geeft. Daarom denk ik liever niet op een willekeurige dag. Klinkt tegenstrijdig, niet? "Eerder zei je dat we beter moeten denken, maar nu zeg je dat je zelf minder denkt."

Dat is precies wat ik wil zeggen. Als je de kwaliteit van je gedachten verbetert, zal de kwaliteit van je acties automatisch toenemen. En zorg altijd voor een onbalans:

Actie > Denken

De beste stimulans voor meer actie in het leven is vertrouwen op gewoontes. Neem sporten. Mijn hele leven heb ik moeite gehad om fit te blijven; zo heb ik jaren overgewicht gehad. Ik heb altijd psychologische spelletjes gespeeld met mezelf over beweging en dieet.

- "Zal ik buiten hardlopen of naar de sportschool gaan?"
- "Ik eet de zak chips nu en ga morgen wel naar de sportschool"

- "Welke dagen zal ik sporten? Maandagen, woensdagen en vrijdagen? Of misschien dinsdag en donderdag?

Dat is te veel nutteloos denkwerk. In plaats daarvan verzon ik een paar basale regels:

- Sport minimaal 30 minuten per dag (iedere dag).
- Doe het rustig aan (sport jezelf niet kapot).
- Eet gezond (geen junkfood).
- Eet niet meer calorieën dan je verbrandt.
- Houd bij wat je eet en hoe vaak je sport.

Wanneer je een paar regels combineert, creëer je een systeem. En een systeem laat denkwerk buiten beschouwing. Je hoeft alleen te denken wanneer je systeem geen gewenste resultaten levert. Mocht mijn systeem mij een slecht gevoel geven of mijn gewicht laten toenemen, dan zou ik het heroverwegen. En zelfs als het werkt, is een systeem nooit perfect. Daarom denk ik geregeld na over hoe ik mijn systemen kan verbeteren.

LEEF NIET MET SPIJT

Tijdens mijn jeugd was mijn oma er altijd. Ze was een enorm lief persoon; misschien was ze te lief, gezien haar vele opofferingen. In haar leven heeft ze veel gegeven voor haar ouders, broers en zussen, echtgenoot, en later, haar kinderen. Dat is onderdeel van het leven. Je kan niet samenleven en een sterke familie bouwen zonder opofferingen. Maar het grootste offer dat ze gaf, was haar verhuizing van Iran, haar vaderland, naar Nederland. Zolang ik me kan herinneren, praatte ze over het verleden. *Altijd.* Vooral tijdens de laatste jaren van haar leven huilde ze iedere dag uit spijt.

Gelukkig bezochten mijn moeder, vader, broer en ik haar vaak. Dit bood haar weliswaar troost, maar tussen haar gelach zag ik ook haar spijt. Berouw was altijd aanwezig. Ik heb veel lessen geleerd van mijn oma; de meeste gaan over vriendelijkheid en het belang van sterke familiewaarden. **Maar de belangrijkste les die ik heb geleerd is dat je geen spijt krijgt van de dingen je hebt gedaan in het leven; je krijgt spijt dat je dingen *niet* hebt gedaan.** Toen mijn oma in januari 2015 overleed, besloot ik te leven volgens deze les, wat er ook gebeurt.

Ik dacht bijvoorbeeld dat ik de wereld wilde rondreizen en in verschillende steden zou wonen. Ik geef toe dat het geen origineel doel is: ik spreek veel mensen die houden van dit idee van vrijheid en avontuur. Hoe komt dat?

Dit verlangen naar avontuur en vrijheid wordt naar mijn mening beïnvloed door popcultuur. Velen idoliseren figuren als Jack Kerouac en Ernest Hemingway die bekend staan om avontuurlijke reizen. En jongeren worden nu geïnspireerd door social-mediasterren die hun reizen vastleggen en delen op Instagram. Het medium mag dan wel geëvolueerd zijn, maar het verlangen om te reizen en dit te delen met de wereld blijft onveranderd. Deze lifestyle spreekt echter niet iedereen aan.

Dat wist ik niet toen ik zelf begon te reizen. Hoe kon ik dat weten? Sommige dingen in het leven moet je gewoon ervaren in de werkelijkheid. Zo kan je niet weten hoe het werkelijk is om ondernemer te zijn, totdat je voor jezelf begint. Je kan alle business boeken lezen die er maar zijn en zoveel informatieve videos kijken als je maar kan, maar ze zullen je niet *transformeren* in een ondernemer. Je zult slechts het leven van een ander gaan leiden.

Ik eet liever rijst met bonen en doe de dingen waarvan ik houd, dan dat ik een goed betaalde baan heb die me ellendig doet voelen. Uiteindelijk gaat het om jouw leven en de enige manier om met jezelf te kunnen leven is door je sterkste verlangens te volgen. Zorg er echter wel voor dat je praktisch denkt, zodat je ook handelt naar aanleiding van die gevoelens.

KIJK NOOIT TERUG

Ik kijk zelden terug op het leven en dagdroom nooit over het verleden. Ik kijk niet de hele dag naar oude foto's. Sterker nog, ik denk nooit aan het nemen van foto's; zo diep heb ik mij genesteld in het heden. Maar soms voel ik dat mensen opgesloten zitten in het verleden. Ze leiden hun leven in de verleden tijd. Deze mensen grijpen naar hun telefoon om snel een foto te maken en kiezen er niet voor om te genieten van hetgeen waarvan ze die foto maken. In plaats van te leven door een lens, ben ik veel liever *aanwezig* in het heden, ofwel in het *nu*. Nu moet ik wel eerlijk zijn: het lukt me niet om 100% aanwezig te zijn.

Maar waar het om gaat is mijn voornemen om *nu* te leven. En ik weet dat ik hierin ben geslaagd, want ik heb nooit de drang of behoefte om het verleden te herleven. Dat betekent echter niet dat ik niet even stop om een familiefoto te maken. Nee, ik maak gewoon niet miljoenen foto's die ik toch nooit zal bekijken. Denk er eens over na: wanner heb je de tijd om te kijken naar al je herinneringen? Hoeveel foto's en video's heb je? Hoeveel oude documenten, oude diploma's, memorabilia en andere fysieke herinneringen aan het verleden heb je?

Als je moeite hebt om het verleden los te laten, kan ik het makkelijker voor je maken. Je zult nooit...

- Je allereerste iPhone gebruiken die je al jaren in je lade bewaart

- Het filmpje monteren van het weekendje weg met je vrienden
- Je oude schoolpapieren, essays en cijfers lezen
- De oude kleren dragen die je op zolder hebt liggen (of waar dan ook)
- Iets doen met het object dat je doet herinneren aan je eerste date.

Wanneer we gehecht blijven aan de dingen uit het verleden zullen ze een obstakel vormen in het heden.

Het enige nuttige doel van terugkijken is leren. Je kan namelijk lessen trekken uit het verleden. Daarom houd ik een dagboek bij en lees ik regelmatig terug wat ik erin schrijf om mijn gedachtegang op een specifiek moment te begrijpen. Vooral wanneer iets niet gaat zoals ik me had voorgesteld, ga ik terug en probeer ik te snappen wat er fout ging.

In 2017 besloot ik, na twee jaar bloggen en het bouwen van een nieuwsbrief met meer dan 22.000 abonnees, om een betaalde lidmaatschapswebsite te starten. Voordat ik de site begon, overpeinsde ik het concept: "Als ik 1000 lezers krijg die me steunen met $5 per maand, dan kan ik de kost verdienen met schrijven, trainen en het helpen van anderen. In ruil voor hun steun, ontvangen deze betalende leden dan exclusieve content. Dat is een goede *value proposition*."

Dit was mijn denkproces en op papier zag alles er goed uit. Het idee achter het aantal lezers (1000) was geïnspireerd door het artikel van Kevin Kelly, "1000 True Fans." Daarnaast bestudeerde ik hoe andere bloggers hun membership websites hadden gestart. En ik had vertrouwen in mezelf; eerder had ik al honderden online cursussen verkocht, dus ik wist dat mijn werk werd gewaardeerd.

Maar het verliep allemaal niet zoals verwacht. Na een maand telde de website 78 abonnees. Na zes maanden trok ik de stekker uit de membership site. Veel van mijn vrienden, collega's en zelfs betalende leden vertelden me dat ik te vroeg was gestopt. Dat is misschien waar. Maar ik ben niet het type dat opgeeft wanneer het moeilijk wordt. Ik overwoog meermaals te stoppen tijdens de zes en half jaar dat ik twee studies probeerde te halen. Ik heb ook nagedacht om mijn werk bij ons familiebedrijf neer te leggen omdat het moeilijk was om ervan rond te komen. Die gedachten om te stoppen zullen nooit verdwijnen.

Maar ik besloot wel om te stoppen met mijn membership site omdat ik praktisch dacht: "Met dit tempo zal het langer dan 12 maanden duren om 1000 abonnees te krijgen. Bovendien hebben zes mensen hun abonnement binnen de eerste maand opgezegd. Dus als ik opzeggingen in rekening neem, duurt het zelfs langer. Daarnaast voelde ik me tijdens deze zes weken verplicht om mijn members exclusieve content te geven. Ik wil namelijk dat ze iets uit hun lidmaatschap halen. De druk om aan hieraan te voldoen, nam veel tijd in beslag. Tijd die ik kon besteden aan de groei van ons familiebedrijf of mijn coaching. Al met al, een exclusieve membership site is niet de juiste strategie voor mij."

 Ik maakte niet slechts een simpele berekening van 1000/78, maar dacht verder: Hoe kan je abonnees behouden? Hoeveel werk vereist het? En wat zijn de alternatieven om mijn doel te behalen? Ik realiseerde me dat er zoveel wegen zijn om anderen te helpen. Er zijn ook vele andere manieren om rond te komen. Daarom besloot ik om te stoppen met de website na zes weken. Wanneer iets niet lukt, betekent dat niet het einde van de wereld. Maak een beslissing. Sta erachter. Ga door met je leven. En kijk alleen terug om een les te trekken.

Wanneer ik terugkijk naar deze ervaring, besef ik me dat ik de tijdverspilling eenvoudig kon voorkomen. Het duurde drie maanden om de ledenomgeving te ontwerpen, de content te creëren, de copy te schrijven, etc. Voordat ik begon, wist ik dat zo'n website veel tijd vereist. Herinner je je het hoofdstuk over de details nog? Als je iets wil doen, doe het juist of doe het helemaal niet. In dit geval had ik voor het laatste moeten kiezen. Waarom? Ik besteed te veel tijd aan het runnen van het familiebedrijf, schrijven van artikelen en boeken, creëren van cursussen en consulting. Door terug te kijken, heb ik geleerd dat ik slechts één groot project aankan per onderdeel van mijn leven.

Dus ja, kijk naar het verleden, maar staar er niet te al lang naar. Het leven gebeurt *nu*.

BESTEED JE TIJD GOED

Vroeg of laat komen we erachter dat onze tijd beperkt is. En wanneer dat moment aanbreekt, zullen we ons bewust worden van hoe we onze tijd besteden. Denken is een tweesnijdend zwaard. Het kan je zowel helpen als vernietigen. Het resultaat is afhankelijk van de manier waarop je gedachten gebruikt. Zoals we eerder hadden vastgesteld is je brein een instrument—niets meer, niets minder. Eerder deelde ik ook al mijn leerweg naar een effectiever gebruik van mijn brein. De ene keer moet je gewoon anders denken en een andere keer moet je stoppen met denken. Het is aan jou om te beslissen welke optie, in welke situatie van toepassing is. Maar wat je ook beslist, overweeg de situatie niet te lang, want dat is verspilling van je tijd. Uiteindelijk is denken op zichzelf genomen, zonder enige actie, nutteloos. Zoals we eerder besproken, worden gedachten gevolgd door actie.

Effectieve gedachten? Effectieve handelingen.

Ter verduidelijking van mijn bedoeling heb ik een lijst gemaakt met voorbeelden van effectieve gedachtes:

- Verbeteren van je leven
- Groeien van je carrière en onderneming
- Je toekomst visualiseren
- Nieuwe ideeën bedenken
- Problemen oplossen

- Leuke activiteiten met je partner, familie of vrienden verzinnen.

Het is echt niet zo gecompliceerd. Deze manier van denken vasthouden is echter wel een uitdaging en vereist werk. Je moet niet verwachten dat je transformeert in een praktische denker nadat je dit boek voor de eerste keer hebt gelezen. Zoals elke vaardigheid vereist beter denken dagelijkse oefening. Dat doe ik door alles wat in mijn leven gebeurt te zien als oefeningen die me helpen beter te denken.

Als ik dat naliet, dan zou ik mijn tijd verdoen aan nutteloze dingen als klagen, zelfmedelijden en zou ik niet genieten van mijn leven.

We denken als collectief zo veel dat we het leven niet in zijn volledigheid ervaren. En het heeft niets te maken met de "fancy" dingen waar anderen mee bezig zijn. We weten allemaal dat de kleine dingen het leven mooi maken. Voelde je de zonnestralen vanochtend toen je wakker werd? Of hoorde je de regendruppels? Rook je de geur van je koffie? Voelde je de textuur van je muesli?

Als je antwoord *nee* is, ben je zeker toe aan een stap uit je hoofd.

Stop met denken en begin te voelen.

INNERLIJKE RUST

Er is slechts één einddoel voor alles wat we besproken hebben: innerlijke rust. Ongeacht de dingen die je ervaart en doormaakt in het leven, zal je brein zich kalm moeten houden onder alle omstandigheden. Dat is de ultieme prijs in het leven. Meesterschap over het brein betekent dat we controle hebben. Je kan controle alleen bereiken door *dagelijks* te oefenen.

Sommigen noemen het meditatie, anderen noemen het mindfulness. Ongeacht je definitie van "innerlijke rust," maak het alsjeblieft niet moeilijker dan het is. Je hebt geen cursus van €10.000 nodig om vrede in je hoofd te vinden.

Ga zitten, wees één met je gedachten, observeer ze en *negeer* ze vervolgens. Dat is meditatie.

Ik "mediteer" continu – wanneer ik wandel, sport, schrijf, wacht, zit, lig, enz. Ik kan altijd een moment en de energie vinden om naar binnen te keren voor rust. Veel heb ik hiervoor niet nodig; dit is enorm belangrijk om je te beseffen. Zo belangrijk dat ik het nogmaals zeg: Je hebt geen yogamat, muziek of leraar nodig om je gedachten te beheersen. Je kan op *enig moment* kalmte vinden als je naar binnen keert. Je hebt geen vakantie, nieuwe schoenen of drankje nodig.

Hoe weet ik dit? Ik beheers mijn geest.

Ik beslis wat het doet.

En jij kan dit ook.

DENK VERDER DAN "IK"

Veel van de ideeën die ik in dit boek deel, stammen uit het pragmatisme. Als je deze term oppervlakkig googelt, zal je lezen dat de filosofische stroming is begonnen door Charles Sanders Peirce, een voormalig professor aan de John Hopkins University. En als je dieper duikt in het verhaal achter de stroming, vind je dat het William James was die Peirce als grondlegger erkende in 1898.

Ondanks zijn status als gerespecteerd academicus in de jaren 80 van de 19e eeuw, viel Charles Sanders Peirce uit de gratie aan het einde van de eeuw. Peirce, die werd beschouwd als wiskundig wonderkind en logicagenie, werd later professor aan de John Hopkins University. Maar deze positie verloor hij in 1884 toen hij verwikkeld raakte in een schandaal rondom zijn tweede huwelijk. Het is werkelijk een triest verhaal. In 1875 werd Peirce door zijn eerste vrouw verlaten. Als snel leerde hij een andere vrouw kennen met wie hij een relatie begon, terwijl hij volgens de wet nog getrouwd was. Pas acht jaar later was zijn scheiding officieel rond. Tijdens deze acht jaar bleef Peirce in een relatie met een vrouw met wie hij niet getrouwd was. Peirce werd verraden door zijn collega, Simon Newcomb, waardoor zijn privésituatie werd getransformeerd in een publiek schandaal. Droevig genoeg kwam zo een einde aan de academische carrière van Peirce en leefde hij na zijn ontslag jaren in armoede. Hij kwam terecht op de straten van New York. En niemand hielp hem behalve zijn oude vriend William James.

James en Peirce leerden elkaar kennen in de jaren 1860 tijdens hun studie aan de Lawrence Scientific School van Harvard. Nadat James in 1870 zijn depressie had overwonnen, begon hij te werken aan zijn oeuvre; zijn werk uit deze periode behoudt langer dan een eeuw na dato zijn relevantie. James werd professor aan Harvard en genoot academische roem. Zijn bekendheid was te danken aan zijn in 1890 gepubliceerde boek, *Priciples of Psychology*, waar hij langer dan twaalf jaar aan had gewerkt. In tegenstelling tot zijn vriend, genoot James nog jaren succes.

Maar toen gebeurde iets wat niemand had voorzien. Uit het niets schreef William James in 1898 "het principe van pragmatisme" toe aan de vergeten Charles Sanders Peirce tijdens een college met de titel "Philosophical Conceptions and Practical Results."

Het pragmatisme schrijft voor dat men naar de praktische waarde van ideeën moet kijken. Volgens James verspilden wetenschappers hun tijd aan abstracte ideeën en theorieën die geen impact hadden op het leven van de mensen. Zou jij je levenswijze veranderen als een wetenschapper plotseling bewijs vond voor de manier waarop onze planeet is ontstaan?

Louis Menand, de auteur van *Pragmatism: A Reader*, zegt over pragmatisme: "We can never hope for *absolute* proof of anything. All our decisions are bets on what the universe is today, and what it will do tomorrow."

Ongeacht wat men denkt over pragmatisme is een ding zeker: William James bewees Peirce een dienst toen hij hem de eer van medegrondlegger gaf. En dat is precies wat James een groot man maakt; hij streefde niet naar de eer voor iets wat *hij* had gecreëerd. Zonder de acties van James en zijn promotie van het pragmatisme, zou de stroming niet bestaan en zou Peirce zijn vergeten.

Daarmee volbracht James een belangrijke en veelbetekenende taak—hij hielp een vriend. Peirce won weer respect terug en schreef zelfs een aantal essays. En uit alle wijsheid die James de wereld gaf, is dit het belangrijkste wat ik van hem heb geleerd.

William James zei zelf eens: "The greatest use of a life is to spend it on something that will outlast it."

Praktisch gesproken is het nutteloos om iets te doen wat langer blijft bestaan dan jezelf. Je zult er namelijk toch niet zijn om het te ervaren. Maar dat is niet het punt. Als we iedere dag met dit idee *leven*—streven naar het doen/creëren van zinvolle dingen voor *een ander*— zullen we uiteindelijk onze tijd besteden aan de dingen die werkelijk het verschil maken in het leven. Wanneer je zo leeft, wordt het leven automatisch zinvol, voor iedereen.

BEDANKT: EEN CADEAUTJE

Ik wil je bedanken voor je deelname aan deze reis. Mijn doel was om je binnen mijn denkproces te brengen en ik hoop dat dit boek een reddingsboei kan zijn en dat je het meermalen kan lezen – vooral tijdens moeilijke tijden.

Ik waardeer dat je de tijd hebt genomen om Denk Praktisch! uit te lezen. Jouw beslissing, als lezer, om dit boek (uit de miljoenen boeken die er zijn) te lezen in plaats van een ander betekent de wereld voor mij, als auteur.

Dus, bedankt.

Als cadeautje wil ik je graag een bonus E-book geven. In dat boek kan je mijn persoonlijke notities bekijken. Zo kun je lezen hoe ik "D*enk Praktisch!*" heb geschreven.

Je kunt het hier downloaden: **DariusForoux.com/THINK-STRAIGHT-BONUS**.

Ik ken veel lezers persoonlijk. Dus aarzel niet om via mijn website in contact te komen.

Succes.

-Darius

LEES VERDER

Pragmatisten als William James, Charles Sanders Peirce en John Dewey beschouwden zichzelf niet als filosofen. Sterker nog, ze geloofden dat de meeste filosofie nutteloos was. We zouden ze vandaag de dag weliswaar filosofen noemen, maar destijds hadden ze andere beroepen. Door de geschiedenis heen waren pragmatische denkers rechters, docenten, politici en dichters.

In plaats van eindeloos te discussiëren welke filosofie de beste is, gebruikten zij de ideeën van pragmatisme om beter te leven. En het leiden van een goed leven vereist geen eindeloze studie van filosofie. In plaats daarvan moeten we handelen! Daarom houd ik de lijst kort.

Als je meer wil lezen over pragmatisch denken, beveel ik het werk van William James aan. Hij is verreweg mijn favoriete pragmatische denker. De biografie van James, geschreven door Ralph Barton, is ook een fantastisch inzicht in zijn praktische geest en bevat fragmenten uit zijn dagboek.

Maar als je behoefte hebt aan slechts één algemeen boek over pragmatisme, raad ik het boek van Louis Menand aan. Dit boek bevat de belangrijkste teksten van de meest invloedrijke pragmatisten. Menand deelt ook een inzichtelijke introductie die de hoofdzaken van pragmatisme blootlegt.

Veel plezier!

- Pragmatism and Other Writings by William James
- The Thought And Character Of William by Ralph Barton Perry
- Pragmatism: A Reader by Louis Menand